AF438794

NOUVELLE STÉNOGRAPHIE.

POTELÉGRAPHIE.

Les formalités voulues par la loi ont été remplies.

Tout contrefacteur ou débitant de contrefaçons de cet ouvrage sera poursuivi conformément aux lois.

Tous les exemplaires sont revêtus de ma signature.

NOUVELLE STÉNOGRAPHIE.

POTELÉGRAPHIE

PLUS RAPIDE ET SUPÉRIEURE

A TOUS LES SYSTÈMES USITÉS JUSQU'A CE JOUR.

Par J.-L. DE WIK-POTEL,

Auteur de la MÉTHODE CLASSIQUE DE STÉNOGRAPHIE, et de plusieurs Ouvrages élémentaires sur l'ART DES ABRÉVIATIONS.

BIBLIOTHÈQUE ROYALE

Chaque trait rend un son; la main légère, active,
Fixe sur le papier la phrase fugitive.

(Mme Irma C. DE WIK-POTEL.)

LYON.

IMPRIMERIE DE LOUIS PERRIN,

Rue d'Amboise, 6.

1847.

.... Juvat integros accedere fonteis
Atque haurire.
(Luc., *liv.* 1, *v.* 925.)

Je me plais à voir les eaux pures de leur fontaine,
et à puiser moi-même à la source.

En juin 1843, je me trouvais à L******, petite ville de la basse Normandie. Un amateur de sténographie ayant eu connaissance des succès obtenus par mon enseignement sténographique dans les divers établissements de la ville, se présenta à mon hôtel, et il en résulta une discussion didactique sur l'art abréviateur.

— Monsieur, me dit-il, je suis inventeur d'une méthode d'abréviations destinée à faire sensation dans le monde savant. Je me propose de la présenter au Ministre de l'instruction publique, de la soumettre à l'Académie, de la faire adopter par la Chambre des Députés. Ma méthode, ainsi étayée, fera le tour du monde. Et tenez, Monsieur, puisque la circonstance m'est assez favorable pour me procurer l'avantage de causer avec un homme expert dans la matière, je vais vous expliquer mon système.

Aussitôt mon interlocuteur, avec toute l'ardeur d'un homme qui veut convaincre, saisit une plume, m'explique ses signes, me fait envisager toutes les phases, toutes les péripéties qu'a subies son travail dans l'enfantement.

Fatigué des points d'exclamation et d'admiration que jetait mon homme en extase, je fus forcé de l'interrompre, et je lui parlai ainsi :

— J'ai parcouru toute la France, j'ai même voyagé à l'étranger : eh bien! jusque dans les coins les plus reculés, les plus ignorés, j'ai rencontré des personnes qui, comme vous, m'ont soumis leurs réformes sur l'art abréviatif. Comme vous, Monsieur, toutes se posèrent en novateurs, toutes avaient l'intime conviction qu'elles étaient appelées à régénérer la sténographie.

— Mais, avez-vous rencontré une idée plus heureuse, plus avantageuse que la mienne?

— Plusieurs m'ont paru ingénieuses, mais peu m'ont semblé praticables. Pour inventer une bonne théorie, il ne suffit pas qu'une idée soit spécieuse..... Avant de créer, il faut ébaucher.

— Comment! vous pensez que ma méthode n'est pas praticable? Comment! moi qui ai passé nuit et jour...... moi qui ai travaillé pendant des années à changer tel ou tel signe!..... Vous n'y réfléchissez pas; j'ai atteint une rapidité inouïe.

— Mais, avant d'inventer, avez-vous pratiqué une méthode sténographique?..... avez-vous commenté, étudié tous les systèmes?

— Franchement, je vous avouerai que je n'ai pratiqué aucune méthode; seulement, j'ai parcouru un petit opuscule qui m'a paru très imparfait, et qui laissait beaucoup à désirer. J'ai cherché à faire mieux.

— Il existe malheureusement une foule de traités de sténographie, la plupart véritables avortons, publiés par des personnes inexpérimentées dans l'art abréviateur. Pour mettre à couvert leur responsabilité et leur honneur, elles ont soin de publier leur livre *à titre d'essai*. En étudiant ces sortes de méthodes, on croit que la sténographie est encore dans son enfance; déçu dans son attente, dans ses espérances, on recherche dans son imagination les ressources abréviatives que l'on ne trouve pas dans le livre acheté comme méthode d'abréviations. A défaut de rencontrer un bon auteur de sténographie, on se fait novateur. Dès-lors, partant d'un principe vicieux, on tombe d'erreur en erreur. Ce n'est point avec de pareils errements que nous obtiendrons la perfectibilité de la sténographie : *C'est tourner dans un cercle vicieux, pour revenir au point de départ.*

Que diriez-vous d'un homme qui inventerait des mots nouveaux, sans connaître la langue à fond?..... Ne vous moqueriez-vous pas d'un jardinier qui, pour greffer, enterait une branche sauvage sur un arbre sauvage? Ainsi agissent tous ces *néosténographes*.

Avant de se faire novateur, il faut connaître, approfondir l'œuvre de ses devanciers. Il faut, pour faire une bonne méthode, s'entourer des meilleurs auteurs; il est

8

même indispensable de se procurer, ou au moins de consulter les méthodes anglaises. L'art tachygraphique a été pratiqué en Angleterre bien longtemps avant d'être connu en France. Il a été publié un grand nombre de systèmes fort ingénieux, et remarquables par la hardiesse et l'originalité de conception. Je vous citerai :

1547. — Mac-Auley, le plus ancien auteur connu qui se soit occupé d'abréviations. Sa méthode a été suivie fort longtemps.

1588. — T. Bright dédia son ouvrage à la reine Elisabeth, sous le titre : *Art d'écrire promptement et secrètement par signes.*

1600. — Peters Bales. — Tout en suivant les traces du précédent, il simplifia l'ordre des abréviations en l'exposant d'une manière plus méthodique.

1602. — M.-J. Willis. — Abreviation on writing by characteres.... Invention importante, quoique imparfaite.

1654.
1659. } — Rich publia deux méthodes différentes, dont la dernière était la meilleure. Locke en parle très avantageusement dans son *Essai sur l'éducation.*

1691. — Thomas Shelton. — Art of short-hand writing,.... Méthode remarquable, qui obtint une grande vogue.

1743. — Weston. — Stenography compleated, or the Art of short-hand, brought to perfection.

1755. — Gurney.—Son ouvrage donna un nouvel essor aux progrès de l'art abréviateur.

1757. — Palmer. — Son système offre quelques idées neuves et originales.

1767. — Byrom. — Plus complet et plus parfait que tous ceux publiés par ses prédécesseurs, son mode d'abréviations fit école.

1784. — Mitchell. — The Elements of short-hand, founded on the principles of nature, and true philosophie, etc.... Système très compliqué , qui exige trop de connaissances métaphysiques.

1786. — Samuel Taylor obtint un véritable succès d'enthousiasme, qui acheva de populariser la sténographie en Angleterre.

1789. — Dr Mavor. — Son ouvrage a également contribué au progrès et au perfectionnement de l'écriture cursive.

1801. — Samuel Richardson. — A new system of short-hand.... Ouvrage fort ingénieux , qui mérite d'être étudié.

1812. — Lewis. — Méthode savante, qui a rendu de grands services à l'art abréviateur.

1825. — William Harding. — Cet auteur fait revivre le *système Taylor* , qui est généralement usité en Angleterre.

Parmi les nombreux traités sténographiques publiés en France, en suivant l'ordre chronologique, je vous citerai :

1684. — Ch.-Aloysius Ramsay. — Ce gentilhomme écossais dédia à Louis XIV sa *Tachéographie* , ou l'Art d'écrire aussi vite qu'on parle , composée en latin.

1775. — Feutry. — Ce savant, auteur de plusieurs ouvrages, membre de la Société de Philadelphie, ayant eu connaissance des notes tironiennes , publia son *Manuel tironien*, ou Dictionnaire d'abréviations, qui est bien loin d'atteindre le but de la sténographie ; mais il renferme des idées utiles sur les abréviations.

1776. — Coulon de Thevenot donna à la France un traité complet de tachygraphie , et laissa entrevoir la possibilité de suivre la parole en écrivant. En 1787 , ayant perfectionné son système , il obtint l'approbation de l'Académie , et eut le bonheur de doter son pays d'une méthode d'abréviations qui fit école. C'est justice de rendre hommage à sa mémoire !

1792. — P. Bertin importa en France la sténographie anglaise de Taylor, et l'adapta à notre langue. Ce système obtint une vogue d'engouement; mais la suppression des voyelles lui créa un grand nombre d'adversaires, et peu à peu on l'abandonna.

1797. — Adrien Pront. — Mode d'abréviations fort ingénieux, quoique moins rapide que la sténographie; écrit profond et consciencieux, qui mérite d'être consulté.

1804. — Clément. — Reconnaissant le vice du système Taylor, il inventa des signes pour les voyelles.

1801. — Honoré Blanc. — Son Okygraphie, malgré sa complication, repose sur une idée fort ingénieuse, et obtint un certain retentissement.

1802. — Godfroy. — Son ouvrage est une simplification de l'Okygraphie d'Honoré Blanc.

1802. — P. Dupont. — Courte-Écriture, basée sur le système tachygraphique, et rédigée avec une naïveté originale.

1802. — Marti. — Ce savant, membre de l'Académie de Madrid, propagea en Espagne l'art de la sténographie. Il fut pratiqué avec succès dans les écoles.

1807. — Montigny. — La Sténographie méthodique de ce savant, membre de la Société académique des sciences, n'est pas sans mérite, considérée comme essai.

1809. — Ch. Barbier. — Sa méthode, intitulée *l'Expéditive*, peut offrir quelques ressources aux hommes qui s'occupent d'abréviations.

1811. — A. Bertini. — Stigmatographie, ou l'Art d'écrire avec des points. Conception heureuse, qui a été peu travaillée.

1811. — Zalkind-Hourwitz. — Lacographie, ou Écriture laconique. Idées neuves, pleines de hardiesse et d'originalité, mais un peu confuses.

1815. — P. M*** B***. — Sténokygraphie, publiée à la Basse-Terre (Guadeloupe), d'après l'Okygraphie de H. Blanc, réduite à des principes admirables de concision et de simplicité.

1815. — Conen de Prépéan. — Sa Sténographie exacte est l'œuvre d'un homme de mérite et d'un savant grammairien ; son système a fait école.

1816. — F.-J. Astier. — Ardent prosélyte de l'écriture cursive , l'auteur de la Graphodromie s'est laissé égarer par son vif enthousiasme.

1819. — Étienne Vidal. — Sa Notographie est une mine riche et féconde pour l'auteur-sténographe.

1824. — A. Grosselin. — Vocabulaire sténographique. Compilation d'après le système Taylor.

1825. — A. Bébian. — La Mimographie , quoique destinée plus spécialement aux sourds-muets, offre quelques idées utiles pour l'art abréviatif.

1826. — A. Bois-Duval et H. Lecoq. — Tacholographie, employant les lettres de l'alphabet ordinaire.

1826. — F.-J. Astier. — Novateur ingénieux, l'auteur de la Graphodromie offre de nouvelles idées sur les moyens abréviatifs.

1827. — Auteur anonyme , qui publia à Marseille un système employant les lettres ordinaires.

1828. — Hippolyte Prévost. — Praticien habile, adepte de Taylor , il chercha à modifier le maître.

1828. — Cadrès-Marmet. — Méthode exposée avec une lucidité rare. De tous les ouvrages , c'est celui qui a le plus contribué à populariser la sténographie.

1829. — F. et B. Dutertre. — Traducteurs de Richardson , les frères Dutertre , par un travail précieux et utile, ont cherché à faire connaître une méthode fort ingénieuse, mais qui, au point de vue pratique, ne répond pas à toutes les exigences.

1829. — A. Fossé. — Historien scrupuleux et exact de la sténographie. Ce titre seul suffit pour que son ouvrage , plein d'érudition , figure dans toutes les bibliothèques des amateurs et auteurs de sténographie.

1829. — Le baron DE MECKLEINBOURG. — Solvique et Phonique : écrit profond et érudit, qui renferme les notions les plus utiles à l'écrivain abréviateur.

1831. — JOMARD. — Comparaison des différentes méthodes tachygraphiques et sténographiques. Il est fâcheux que ce travail d'un savant, travail utile et intéressant, ne soit pas exempt de partialité. C'est le reproche unanime que lui font tous les sténographes.

1831. — S. FAURE. — L'écrivain abréviateur puisera dans son *Essai sur la composition d'un nouvel alphabet* des idées fécondes et heureuses relatives à la contexture phonique des mots : étude indispensable au perfectionnement des systèmes d'abréviation.

1831. — F.-J. ASTIER. — Audacieux novateur, pour la troisième fois on le voit rentrer en lice : toujours même fougue, même entraînement. Trop d'ardeur nuit.

1832. — Ch. BARBIER. — La nouvelle Expéditive, travail d'un vrai philanthrope, a été présentée dans l'intérêt des aveugles. A l'aide d'un point ou d'une piqûre d'épingle, on peut écrire avec une grande vitesse.

1852. — L.-F. FAYET. — Théorie ingénieuse, mais difficile dans son application.

1852. — PAINPARÉ et LUPIN. — La Typophonie est une modification assez imparfaite de la Tachygraphie.

1852. — Ed. LEUGE D. — Dans ce court exposé le sténographe peut puiser de nouveaux éléments d'abréviations.

1852. — Un anonyme, dans son opuscule intitulé *Vocographie*, offre à l'abréviateur des calculs minutieux et utiles sur les variations phoniques de notre langue.

1853. — L.-J. DUBLAR. — La Zigzagraphie, comme une lueur phosphorique, disparaît au toucher.

1853. — CONEN DE PRÉPÉAN. — Sa vie a été entièrement consacrée à la sténographie. Sa nouvelle méthode est présentée avec ce bon goût et cette sagacité qui révèlent l'homme vraiment convaincu de sa supériorité.

1836. — L.-P. Chauvin. — Ouvrage consciencieux, qui décèle une connaissance approfondie des systèmes abréviateurs.

1836. — Picard. — Égaré par le désir de soumettre les signes abréviatifs aux exigences de la typographie, l'auteur a oublié le vrai but de la sténographie.

1839. — Senocq. — La complication de la théorie et la confusion des signes offrent un ensemble nuisible aux progrès de l'écriture cursive.

1839. — E. Midy. — Cette légère ébauche donne un nouvel aperçu d'écriture abréviative.

1840. — L'abbé Paget. — Sous ce titre : *Okygraphie sacrée*, ou *Sténographie gallico-latine*, l'auteur a fondu les systèmes Prévost et Conen de Prépéan en un tout compacte fort peu intelligible.

1841. — Patey. — La Typosténographie ne répond guère aux promesses pompeuses que l'auteur a soin d'énumérer dans les premières pages de son opuscule.

1842. — L'abbé Démée. — En enrichissant l'art abréviateur d'une nouvelle conception, l'auteur de l'*Alphométrie* ou *Théorie des lignes unitives* a tracé une nouvelle voie et découvert une nouvelle mine.

On pourrait également mentionner les méthodes de Messieurs Lagache, Dujardin, Bully, Sylvin, Cossard, Plantier, et tant d'autres publications sténographiques qui toutes renferment des aperçus ingénieux, et peuvent être consultées avec fruit. Mais la plupart des auteurs, même parmi ceux cités dans notre nomenclature, ne présentent que des utopies impraticables, et le plus souvent, j'ose le dire, de ridicules chimères. Ces aberrations elles-mêmes ont besoin d'être connues, afin qu'elles servent comme un phare à indiquer les écueils.

Apprécier le mérite intrinsèque d'une méthode, séparer l'ivraie du bon grain, choisir la plus parfaite des théories, c'est l'œuvre du méthodiste. La Bruyère a dit : *Le choix des pensées est invention;* ce sera une véritable invention, et il rendra un grand service à la société, celui qui un jour pourra dire : Voila la meilleure des sténographies !......

Stupéfait et anéanti, notre novateur se retira; car il voyait se perdre le fruit de ses veilles, il voyait s'évanouir ses rêves de haute renommée.

Quatre ans se sont écoulés depuis cet entretien. Et moi aussi j'étais préoccupé d'une idée fixe et invariable : je rêvais le progrès et le perfectionnement de la sténographie (mais, je puis le dire, avec connaissance de cause). Depuis *douze ans,* spécialement livré à l'enseignement et à la pratique de la sténographie, j'ai employé deux ans la sténographie anglaise de Taylor. La suppression des voyelles offrant de trop graves difficultés, j'abandonnai le système Taylor, et j'adoptai celui de Cadrès-Marmet, le plus lucide et le plus simple de tous : je l'ai professé *dix ans* avec le plus grand succès.

L'art abréviateur peut se diviser en trois ordres généraux : *tachygraphie, okygraphie, sténographie.*

La *tachygraphie* s'exécute par syllabes détachées. La forme vicieuse des signes rend la liaison impraticable, et il est fort rare que l'on puisse former un mot d'un seul trait.

L'*okygraphie* emploie des lignes tracées d'avance, comme les portées de musique ; les signes sont isolés, et leur exécution est saccadée.

La *sténographie* trace tous les mots d'un seul jet, sans jamais lever la plume ; son exécution est monogrammatique.

Tous les traités d'abréviations procèdent de l'un ou de

l'autre de ces trois systèmes, ou se rattachent à l'un ou à l'autre de ces trois ordres.

En donnant indifféremment à l'art abréviateur diverses dénominations, les auteurs n'ont eu en vue que de distinguer leurs différents ouvrages, soit tachygraphie, okygraphie, sténographie, graphodromie, notographie, graphologie, logographie, brachygraphie, etc., etc..... Sous ces divers titres, tous ces ouvrages concourent au même but, c'est-à-dire au développement des principes d'une *écriture abrégée*, ainsi que la nomment les Italiens, *abbreviatura*, ce qui répond parfaitement au *short-hand* des Anglais.

Tout en condamnant les imperfections de la tachygraphie, — imperfections inévitables dans un auteur qui, on peut le dire, a défriché le sol aride et inconnu des abréviations, — j'avais toujours été frappé du peu d'espace qu'occupent les signes tachygraphiques; j'admirais la facilité avec laquelle on peut les écrire *resserrés* et *étroits*.

La sténographie, au contraire, quoique monogrammatique, fait usage de grands demi-cercles qui nuisent à la rapidité.

A mes yeux, il importait de trouver un terme moyen entre la tachygraphie et la sténographie. Depuis longtemps j'étais absorbé, concentré dans cette unique pensée. Mes essais étaient vains, mes recherches infructueuses; je désespérais presque de pouvoir perfectionner une science qui avait déjà subi tant d'améliorations.

Tout-à-coup une idée imprévue, une lueur inattendue, une inspiration électrique me fut communiquée par mon épouse : prenant part à tous mes travaux, à toutes mes recherches, comme moi elle s'est livrée à l'étude spéciale de la sténographie; et, avec moi, elle a compulsé tous nos meilleurs systèmes d'abréviations (car je possède dans ma bibliothèque une collection de plus de soixante traités français et étrangers, anciens et modernes). Je saisis sa pensée, je m'emparai de ce trait de génie; puis je l'épurai, je le travaillai, je le cimentai. Dès-lors je conçus un nouveau perfectionnement, un véritable progrès.

Ce n'est pas une de ces conceptions neuves et audacieuses jetées au hasard *à titre d'essai;* c'est une œuvre d'expérience, conçue avec réflexion, élaborée par le temps.

Eléments composés des meilleurs systèmes, — quintessence extraite de tous les auteurs, — résumé de tous les travaux tachygraphiques, — complément naturel des autres traités d'abréviations;

C'est avec certitude et confiance que je présente la POTÉLÉGRAPHIE. *

---

* Composée des mots Potel, nom de l'auteur, et γραφη écriture : c'est-à-dire, *Ecriture de Potel.*

POTELÉGRAPHIE.

—◦◦◊◦—

THÉORIE.

—◦◦◊◦—

Définitions élémentaires.

BIBLIOTHÈQUE ROYALE

> Le triomphe d'un art est d'être populaire.
> Que l'éducation le rende, un jour, vulgaire.
> Nul ne servira plus et n'aura moins coûté.
>
> (J. DE MAIMIEUX, *Epître sur la Pasigraphie.*)

Un système d'abréviations n'envisage que l'étude phonique des langues.

Ecrire comme l'on parle est un précepte immuable, une des bases essentielles de l'art abréviateur.

La Potelégraphie est la peinture exacte de la parole. Elle reproduit le son, la prononciation véritable des mots, sans égard aux règles de l'orthographe.

2

Chaque signe n'a qu'une seule valeur. Cette valeur, fixe et déterminée, ne varie jamais : un signe reproduit toujours le même son. Nous ne confondrons jamais *C* avec *S*, comme dans ces mots : *caprice*, *calice*, *exercice*, et tant d'autres ; *G* et *J*, comme dans *gage*, *gorge*, etc. ; *T* et *S*, comme dans cette phrase : *Nous portions nos portions.* Toutes les difficultés orthographiques disparaissent dans la Potelégraphie.

L'inconvénient de l'alphabet ordinaire est d'employer toutes lettres isolées, et, pour les lier entre elles, d'avoir recours à des *déliés*, espèce de lignes parasites qui retardent l'exécution. Le mot Paris, par exemple, ne comporte que deux émissions de voix, et cependant il se compose de cinq lettres, toutes très compliquées dans leur agglomération. A cette complexité, nous sténographes, nous substituons un monogramme simple dans sa combinaison, rapide dans son exécution.

Les signes se lient si facilement les uns aux autres, qu'il y a fusion entre eux. Ils forment un TRACÉ LINÉAIRE si rapide, que la plume exécute le mot d'un seul jet et n'éprouve pas ce sautillement saccadé qui ralentit l'écriture usuelle.

DÉMONSTRATION ANALYTIQUE.

I.

Paris =

Le trait tombant verticalement de haut en bas. . . .   P |
La boucle qui s'arrondit en tournant vers la gauche. .   a °
Le délié oblique, ascendant de gauche à droite.   . .   r /
Le petit demi-cercle tracé de gauche à droite. . . .   i ⌣
La consonne *s* est omise, parce qu'elle ne se prononce pas.

Rappelons-nous bien que toutes les lettres *nulles*, ou considérées comme superflues dans la prononciation, sont supprimées. Organe reproducteur de la parole, la Potelégraphie s'affranchit des difficultés d'usage et de grammaire ; elle reproduit les sons dans toute la pureté de leur émanation.

EXERCICES.

Papa. — Pape. — Prix. — Pipe. — Ypres.

Appris. — Pire. — Riz. — Rire. — Rare.

II.

Tours = /

Le signe qui descend oblique de droite à gauche. . .   T /
Le petit demi-cercle voûté, se traçant de gauche à droite,   ou ⌒
Ligne très légère, montant de gauche à droite. . . .   r
Le *s* est omis, comme dans le monogramme précédent.

De prime-abord il semblerait que *t* et *r* peuvent se confondre, et qu'il peut en résulter quelque inconvénient ; mais, en réfléchissant, on s'apercevra facilement que ces deux lignes ne peuvent jamais se contrarier dans leur exécution. L'une, le *t* / est descendante ; l'autre, le *r* est ascendante : puis, le *t* / est un *plein* fortement prononcé, tandis que le *r* est un *délié* très léger. Même, *t* et *r* seraient-ils tracés d'égale grosseur, la direction seule distinguerait suffisamment ces deux signes.

EXERCICES.

Toux et Roux.	—	Rat et Tas.
Patte et Par.	—	Rape et Tape.
Petit et Pris.	—	Route et Tours.

III.

Foix = ↳

Plein oblique descendant de gauche à droite. . . . . F ╲
Petit demi-cercle, forme voûtée. . . . . ou ⌒
Le petit cercle ou zéro. . . . . a o

Ici s'offre une grave difficulté, difficulté indépendante de la Potelégraphie, mais innée avec notre système linguistique qui est hérissé d'anomalies et de contradictions. La règle orthographique est souvent en opposition avec la règle phonique. On nous enseigne à écrire *oi*, et nous prononçons *ou a*. La Potelégraphie, conséquente avec ses principes, doit se conformer de préférence à la peinture des sons, et non à la reproduction littérale des lettres. Nous écrivons comme nous prononçons. Les auteurs ont ainsi résolu la difficulté : *oi* = *ou a*.

EXERCICES.

Poids. — Toit. — Roi. — Proie.

Patois. — Parois. — Troyes. — Froid.

Patrie. — Parti. — Tapis. — Phare.

IV.

Seurre = ⌐⁄

Ligne droite horizontale de gauche à droite. . . . S ——
Petit demi-cercle vertical de haut en bas. . . . . eu ⌐
Délié ascendant, déjà étudié. . . . . re ⁄

Une consonne, lorsqu'elle n'est suivie d'aucune autre voyelle, entraîne après elle le son naturel de l'*e* muet. Nous prononçons *pe*, *te*, *fe*, *se*, *re*, etc. Ainsi l'*e* muet se supprime toujours. Cette observation est très utile pour la lecture des monogrammes potélégraphiques.

Nous aurons occasion de développer plus amplement la théorie relative à la voyelle *e*.

EXERCICES.

Peur. —— Trou. — Feurs. — Sapeur.— Race.

Peureux. — Tasse. — Farceur. — Soie. — Rousseur.

Passy. — Troyes. — Face. —— Soierie.— Arroi.

V.

Autun = ℓ

Le grand cercle, remarquable par sa forme, représente. O O
Plein oblique, fortement prononcé de droite à gauche. ı $/$
Le petit demi-cercle, se traçant comme un petit *c*,

équivaut à. . . . . u ⊂

Mais le signe sténographique *u* est accompagné d'un

petit point ; ce point indique la valeur supplétive de

la lettre *n*, et donne à la voyelle le son nasal . . un ⊂̇

A et *O* étant tous deux figurés par un cercle, il est de toute nécessité, pour les distinguer l'un de l'autre, qu'il soit attribué à chacun une proportion différente. Ainsi, le cercle représentant *o* est beaucoup plus grand que celui qui représente *a*.

Que le son *o* soit figuré par :

O, *os*, *ot*, *au*, *eau*, *aux*, etc... ,

Nous employons le même signe ; car nous ne devons pas dévier de notre principe : *écrire comme l'on parle.*

EXERCICES.

Poteau. — Taureau. — Faux. — Sceau. — Opportun.

Repos. — Taupe. — Faute. — Assaut. — Hotte.

VI.

Quimper = ⟨

Petite perpendiculaire (*diminutive du* p.). . . . . Q ⟨

La voyelle *i*, accompagnée d'un point, reproduit la nasale   im

La verticale déjà connue. . . . . p

La voyelle est sous-entendue.

Le délié ascendant , déjà démontré. . . . . r

Que le son *in* soit figuré par :

Ain , aint, aim, ein , im , in , etc... ,

Fidèle à nos principes, tous ces équivalents sont reproduits par le même signe, sans nous préoccuper des variations orthographiques.

EXERCICES.

Pain. — Teint — Faim. — Saint. — Hautain.

Pâques. — Tic. — Faquin. — Sac. — Opaque.

Pique. — Taquin. — Froc. — Socque. — Copeau.

Cap. — Troc. — Coffre. — Stuc. — Coque.

VII.

Nantua = ⁄.

Petit trait oblique (*diminutif du t*). . . . . . . N ⁄
Le petit zéro accompagné d'un point prend la valeur
   nasale. . . . . an o·
Plein oblique, déjà connu. . . . . t ⁄
Petit demi-cercle vertical. . . . . u c
Petite boucle. . . . . a o

Que la prononciation nasale soit écrite par :
An, ant, am, en, ent, em, etc...,
Elle est toujours figurée par le même signe.

EXERCICES.

Paon. — Temps. — Enfant. — Encens. — Autant.

Pente. — Tante. — Fente. — Sens. — Oran.

Campan. — Entrain. — Franc. — Satan. — Ornans.

Prince. — Nantes. — Enfance. — Sapin. — Orient.

Nappe. — Nice. — Noir. — Nota. — Orne.

VIII.

Montfort =

Petite ligne oblique (*diminutive du f.*). . . . . . M

Le grand cercle *O* accompagné d'un point. . . . on

Trait incliné de gauche à droite. . . . . f

Le grand rond. . . . . o

Le délié ascendant. . . . . r

Le *t* final est omis , parce qu'il est sans valeur.

Que la nasale soit écrite par :

Om, on, one, ong, ons, ont, etc. .,

Nous employons toujours le même signe.

Non négatif et *nom* substantif sont représentés par le même monogramme. . . . .

EXERCICES.

Pompe. — Tronc. — Fond. — Son. — A-compte.

Prompt. — Thon. — Fonte. — Salon. — Renom.

Pont. — Tamis. — Front. — Soin. — Opinion.

Ponton. — Tome. — Foin. — Somme. — Homard.

IX.

Lons-le-Saunier = ⌐ ~ ℓ

Petite ligne horizontale (*diminutive du* s). . . . . . L —
Le grand cercle accompagné d'un point. . . . . on ○·
L'horizontale . . . . s ━
Le petit diminutif horizontal. . . . . le ‿
La ligne horizontale. . . . . s ━━
Le grand rond. . . . . o ○
Le petit trait oblique de droite à gauche. . . . . n ╱
Le petit demi-cercle. . . . . i ‿
Le petit délié qui se jette en montant (*diminutif du* v). é ╱
Le *r* final est nul.

La voyelle *é* occupe toutes les directions , en montant ;
mais il est loisible de la supprimer chaque fois que sa
suppression ne nuit pas à la lecture du mot.

Que le son soit figuré par :

É, *è*, *é*, *ai*, *aie*, *ais*, *ait*, *aix*, etc... ,

Nous utiliserons toujours le même signe.

EXERCICES.

Peine. — Taie. — Faix. — Seine. — Honnête.

Palais. — Très. — Effet. — Selle. — Rêts.

Papier. — Attrait. — Faine. — Salaire. — Reine.

RÉSUMÉ DÉMONSTRATIF.

L'intuition est le fondement général de nos connaissances.
(H. Pestalozzi.)

Nos signes se divisent en deux catégories : *cinq primitifs* que nous nommerons *majuscules*, c'est-à-dire *grands signes ;* et *cinq diminutifs* ou *minuscules*, c'est-à-dire *petits signes*. Ajoutons le *R*, ligne excentrique, et la voyelle *É* diminutive du *R*, puis les quatre voyelles formées des quatre parties du petit cercle *a*, et nous obtenons un ensemble de *seize* signes, qui, à eux seuls, résument en entier notre nouveau système d'écriture abréviative.

Pour graver plus facilement cette classification dans la mémoire, nous disposerons ainsi notre résumé :

MAJUSCULES.

1. P *|*   comme dans . . . Paris.
2. T *∕*   id. . . . Tours.
3. F *∖*   id. . . . Foix.
4. S —   id. . . . Seurre.
5. O *o*   id. . . . Autun.
6. R *∕*   ligne exceptionnelle que nous avons étudiée dans plusieurs monogrammes.

Tels sont les principes radicaux et constitutifs de la Potélégraphie, éléments naturels et générateurs de notre nouveau système.

MINUSCULES.

Le triangle, considéré dans une proportion infiniment plus petite, engendre un nouvel ordre de signes. Là se réalise la réforme de notre nouvelle théorie.

7. Q ı   comme dans   .   . Quimper.

8. N ⁄   id.   .   . Nantua.

9. M ﹨   id.   .   . Montfort.

10. L —   id.   .   . Lons-le-Saunier.

11. A ο   démontré dans plusieurs monogrammes.

12. E ⁄   direction semblable au R.

Le petit cercle *a*, divisé en quatre parties égales, nous enrichit de quatre petits demi-cercles.

Coupé horizontalement, nous obtenons :

13. Ou ∩   partie supérieure ;

14. I ∪   partie inférieure.

Divisé verticalement, nous avons :

15. U ⊂   partie gauche ;

16. Eu ⊃   partie droite.

Un *point*, placé à côté de la voyelle, suffit pour indiquer le son nasal :

AN ο·   IN ن   ON ο·   UN ᴄ

L'emploi de ce *point nasal*, indispensable aux personnes qui commencent l'étude de la Potélégraphie, devient inutile par l'habitude. En pratique, l'on n'en fait jamais usage ; il peut être *négligé* sans qu'il en résulte aucun inconvénient.

OBSERVATIONS THÉORIQUES.

> De quel prix ne serait pas, aux yeux mêmes du philosophe, un art qui économise les efforts, le temps de ceux qui étudient et qui travaillent!...
>
> (Baron DE GÉRANDO.)

Il existe entre certaines lettres alphabétiques un rapport relatif, une similitude phonique et une analogie naturelle, qui, au besoin, facilitent l'emploi d'une lettre pour une autre. Cela est si vrai que, dans les contrées voisines de la Suisse allemande et dans les pays riverains de l'Allemagne, on prononce *p* au lieu de *b*, *t* pour *d*, *f* pour *v*, *q* pour *g*, etc.

Ainsi l'on prononcera :

Le *qouferneur* n'ayant point *foulu* se *rentre*, la *fille* fut *pompartée*, prise *l'assaut* et *lifrée* au *pillache*.

Ce *tépulé* a *optenu te qrantes faſeurs* à la cour.

Ce *chénéral* a montré une *qrante faleur tans le compat.*

Le plupart des Allemands qui viennent en France conservent toujours cette accentuation. Cependant cette manière de prononcer, quoique vicieuse, se comprend très facilement.

Frappés de cette identité vocale, nous avons nommé cette classe de signes *relatifs* ou *similaires*.

Le changement de valeur est indiqué par une petite ligne appelée *sécante*, parce qu'elle coupe le signe primitif.

CONCORDANCE DES SIGNES.

Primitifs.					*Relatifs.*
P					B
T					D
F					V
S					Z
S					CH
S					J
Q					G
N					Gn
L					Ill

La *sécante* n'est utile et indispensable que dans les noms propres d'hommes et de villes, dans les mots techniques de science et d'art ; autrement, on peut toujours la supprimer. Quoique omise, le sens de la phrase est encore assez clair, et la valeur des mots assez nette pour traduire sans erreur.

Nota. Il serait difficile de déterminer un signe régulier pour indiquer la consonne *X*, sujette à plusieurs variations phoniques : il eût fallu autant de signes qu'elle a de sons différents. Pour obvier à toutes difficultés, nous remplacerons *X* par *S* ou par *Z*, et le plus souvent par *S*.

EPILOGUE.

> C'est sans doute une merveille..... de fixer une
> chose aussi légère que la parole.
>
> (Moustalon, *Lycée de la Jeunesse.*)

A toute personne intelligente, possédant parfaitement
les difficultés grammaticales et les exigences linguistiques,
seize signes suffisent pour figurer toutes les combinaisons
et tous les sons. Ils sont les seuls nécessaires pour reproduire la pensée et la parole.

A l'aide de ces *seize* caractères, on peut recueillir, — à la
chambre des députés, la parole de nos grands politiques;—
dans les tribunaux, les plaidoyers de nos plus célèbres avocats ; — dans les facultés, les leçons orales de nos savants ; — à l'église, les improvisations touchantes de nos
orateurs sacrés.

La Potelégraphie, ainsi présentée, a été réduite à son
expression la plus concise. Démontrée sous le point de
vue le plus simple, dépouillée de tout entourage, on la
voit *à nu*, sans fard, sans apprêt. Ainsi disséquée, on ne
voit plus que son squelette. A nous d'étudier sa structure
et son mécanisme.

ALPHABET POTELÉGRAPHIQUE.

La plume est un trésor pour qui sait s'en servir.
(Mᵐᵉ Irma C. DE WIZ-POTEL.)

MAJUSCULES.				MINUSCULES.		
Primitifs.	Relatifs.			Primitifs.	Relatifs.	

VOYELLES.

3

CHIFFRES POTELÉGRAPHIQUES.

La numération potelégraphique, comme les chiffres romains, est figurée par les mêmes signes que les lettres ; seulement, pour les distinguer, on a soin de les *souligner*.

1	2	3	4	5	6	7	8	9	0
q	l	n	m	e	ou	i	u	eu	a

EXERCICES.

109. — 234. — 586. — 708. — 948.

9102. — 8374. — 7501. — 6035. — 4321.

Pour indiquer la répétition d'un chiffre, on donne aux signes une proportion double.

11. — 22. — 33. — 44. — 55. — 66. — 77.

8800. — 9900. — 1100. — 2009. — 3660.

POTELÉGRAPHIE.

PRATIQUE.

Modèles d'exécution.

A Monsieur J.-C. De Wik-Potel.

SOUVENIRS OFFERTS COMME TÉMOIGNAGE DE SUCCÈS.

> .... Il est un lieu enchanteur :
> C'est la pure amitié, tendre, sans jalousie ;
> Des hommes qu'elle enchaine elle charme la vie.
>
> (LEGOUVÉ.)

Ces essais, — expressions sincères formulées par des cœurs naïfs, — établissent un souvenir sympathique entre le professeur et ses auditeurs. Plusieurs morceaux paraitront sans doute bien faibles, mais n'oublions pas que ce sont les inspirations de jeunes écoliers qui ne connaissent d'autre poésie que la franchise, d'autre règle que la reconnaissance !...

C'est à ce titre que m'ont été dédiées ces compositions, et c'est dans la même intention que je les livre à la publicité.

En composant cette méthode, mon bonheur est de pouvoir être utile à cette jeunesse avide de progrès, curieuse de science; je suis heureux quand je puis exciter ses transports et mériter ses applaudissements, car la science ne peut se communiquer que par l'enthousiasme.

I.

Reçois, cher Professeur, un tribut mérité.

C'est à toi, bon ami, qu'il était réservé

De propager un jour une méthode utile,

Qui nous rend de cet art l'étude plus facile.

Poursuis, et que bientôt cet art si précieux

Dispose le public à voir d'un œil propice

Un système rapide, on ne peut plus heureux,

Qui restait inconnu sans tes soins généreux.

A la société c'est rendre un bon office :

J'applaudis de grand cœur à tes nobles projets,

Ne doutant nullement de leurs nombreux succès.

DÉDOUIT fils, avocat.

Bayeux, août 1857.

II.

Par vos efforts consciencieux,

En propageant cet art ingénieux

Qui rend la parole lancée

Aussi rapidement tracée

Que l'orateur l'a prononcée,

Sous nos modestes toits, comme au séjour des grands,

Vous méritez, nous en sommes garants,

Dans vos visites passagères,

La gratitude des enfants

Et la confiance des pères.

BÉDOR, docteur-médecin.

Troyes, janvier 1838.

III.

Collége royal de Besançon.

Notre siècle est pressé de vivre,

Pressé d'agir et de penser ;

Mais l'esprit a beau s'élancer,

La main désormais peut le suivre.

Quant à nous, si, grâce à vos soins,

De ce secret nous voilà maîtres,

Que l'alphabet de nos ancêtres

Ne servait-il mieux nos besoins ?

D'ailleurs, nul ne veut s'en défendre,

Et chacun fera comme nous,

Si votre art a pour le répandre

Des interprètes tels que vous.

Aubert DIX, censeur des études. *

Besançon, mars 1838.

* Actuellement censeur à Louis-le-Grand, à Paris.

IV.

Grand Séminaire de Saint-Dié.

Plume cent fois trop lente! inconstante mémoire!

Loin, loin, secours insuffisant!

Les eaux s'en vont, hélas! tandis que l'on veut boire;

Le discours vole avec le vent.

Mais non, voici Potel possédant la puissance,

Avec un talent tout divin,

De réduire les flots sous son obéissance.

Ils se placeront sous sa main.

Entendez ce tonnerre éclater sur nos têtes :

L'univers frémit à la fois;

Mais sa plume légère va du dieu des tempêtes,

Sans trembler, recueillir la voix.

Adieu !... ton sol natal, ses riantes campagnes

Font tout l'objet de tes désirs ;

Adieu ! mais souviens-toi qu'au fond de nos montagnes

Un cœur demande un souvenir.

J. COLLIN.

Saint-Dié, juin 1839.

V.

Collége royal de Bastia.

La pensée, autrefois volage et fugitive,

Nous échappait souvent dans sa grâce native ;

La raison pouvait bien retrouver quelques traits,

Mais ses charmes étaient effacés pour jamais.

Votre art ingénieux a dompté la rebelle ;

Chacun peut à présent, vous prenant pour modèle,

La saisir en naissant, la fixer sans retour :

Par vous elle est captive en recevant le jour.

Bernard UBERTIN, élève de philosophie.

Bastia, mars 1840.

VI.

Collége royal d'Avignon.

BOUTADE.

Ton art, Potel, au plus brillant suffrage,

A des honneurs, aurait droit d'aspirer.

Ton souvenir passera d'âge en âge ;

En t'écoutant, peut-on ne pas t'aimer ?

Reçois mes vœux et ma reconnaissance ;

Pour toi, Potel, mon cœur les a dictés.

On t'aime en Corse et l'on t'admire en France,

Ton nom dans Avignon s'est immortalisé !

Alphonse PEYTAVIN.

Avignon, mai 1840.

VII.

Grand Séminaire de Bourges.

Quand je parle, ma voix est sur ma lèvre à peine,

Et déjà tu connais tout ce que dit mon cœur ;

Tu saisis mes pensers, ton crayon les enchaîne ;

Mes secrets sont à toi par ton art enchanteur.

Que j'aime tes accents ! combien j'aime à l'entendre !

L'heure, quand je t'écoute, est bien prompte à s'enfuir :

Ton langage est si pur, si facile à comprendre ;

Il laisse dans les cœurs un si doux souvenir !

Puisse ma faible voix être de notre France

L'interprète fidèle ! et puissent les leçons

Partout faire goûter ton utile science,

Cette exacte peinture exprimant tous les sons !

L.-M.-A. LELIÈVRE, clerc tonsuré.

Bourges, décembre 1840.

VIII.

Petit Séminaire des Sables-d'Olonne (Vendée).

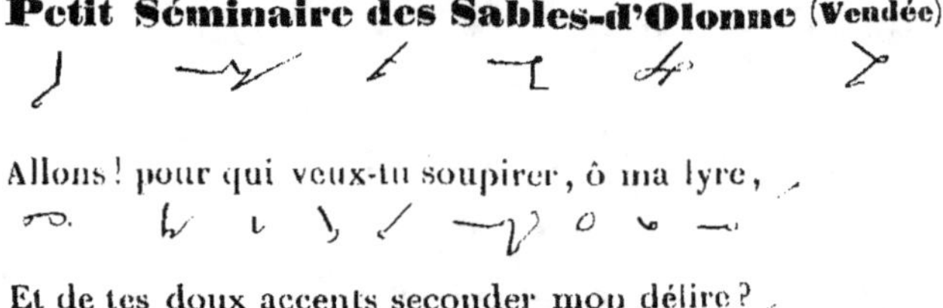

Allons ! pour qui veux-tu soupirer, ô ma lyre,

Et de tes doux accents seconder mon délire ?

Est-ce pour célébrer nos nouveaux Cicéron?

Est-ce pour exalter leur grandeur et leur nom?

Oh! non! c'est seulement pour tracer l'auréole

De celui qui m'apprend à suivre leur parole.

Des coteaux sablonneux où notre mer se brise,

En quelques lieux lointains que le sort vous conduise,

Que sur son char brillant la déesse aux cent voix

Redise vos succès jusqu'au séjour des rois;

Que partout et toujours des élèves dociles

Appliquent leur esprit à vos travaux utiles;

Que votre heureux renom passe au siècle à venir:

Pour nous, nous en aurons toujours le souvenir;

Notre reconnaissance, à jamais immortelle,

Durera tant qu'au toit la gentille hirondelle

Suspendra son doux nid, tant qu'aux nouveaux printemps

Les fleurs et les gazons émailleront les champs.

Edouard DE LA BASTIÈRE.

Sables-d'Olonne, avril 1844.

IX..

Petit Séminaire des Sables-d'Olonne (Vendée).

Sténographe hardi, dont la plume rapide

    Retrace le son de la voix,

    Pour te louer, ma main timide

    De ton art emprunte les lois.

    Lorsque d'un professeur habile

Je pourrai conserver l'agréable leçon,

    Ma mémoire docile

    De Potel bénira le nom.

Et quand, dans le sentier du sublime Parnasse,

Ma main de mon ardeur secondera l'élan,

    Plein d'une poétique audace,

A votre nom toujours je dédirai mon chant.

. . . .

Jadis, du séjour du tonnerre,

L'aigle aperçut un oiseau, faible encor,

Qui, de son lit de plume abandonnant le bord,

Traînait languissamment son aile sur la terre.

L'oiseau de Jupiter a le cœur généreux :

Il descend rapide des cieux,

Et soulevant, sur son aile sublime,

Le timide et débile oiseau,

Il l'apprend à gagner la cime

Du céleste coteau.

L'oisillon, pénétré de sa reconnaissance,

Ne savait comment l'exhaler :

Il se contentait en silence

De voler.

Et vous aussi apprîtes à mon aile

A visiter les cieux.

Et comment vous marquer mon zèle,

Qu'en volant sous vos yeux ?

Adieu ! que le bonheur plane à jamais sur vous,

Loin de notre rivage ;

Mais, en voyant ce faible témoignage,

Pensez à nous.

Ernest PETITEAU.

Sables-d'Olonne, avril 1841.

X.

Collége royal de Marseille.

Promettant peu, donnant beaucoup,

On aime toujours à l'entendre ;

Toujours clair, ce qu'il dit est facile à comprendre ;

Et quand on a suivi son cours avec plaisir,

Ce seul regret qu'on ait, c'est de le voir partir.

Henri AMAURY.

XI.

Grand Séminaire de Luçon (Vendée).

Au retour des cruels autans ,

Belle hirondelle au blanc corsage,

Quels seront tes récits touchants ,

Dis-moi , vers ton lointain rivage ?

— Je vais dire à mes tendres sœurs

Qu'il est au beau pays de France

Un mortel, cher à tous les cœurs,

Qui par un art nouveau devance

Notre vol au rapide essor ;

Dans ses doigts la plume légère

Vole bien plus rapide encore

Que l'aiglon ne fait vers sa mère.

François **CHAUVEAU.**

Luçon , avril 1841.

XII.

Pension de M. l'abbé Chennot, à Saintes.

Ta plume , sténographe habile,

Est plus vive et prompte à nos yeux

Que l'hirondelle au vol mobile ,

Que l'étoile tombant des cieux.

Anatole **DE BRÉMONT.**

XIII.

Petit Séminaire de Rouen.

Les Muses dès longtemps ne pouvaient sans tristesse

Couler un jour entier au sein de l'allégresse.

A peine un grand poète, enflammé de leurs feux,

Venait de commencer ses chants harmonieux,

Que le ciseau fatal de la Parque ennemie

D'un coup prématuré tranchait sa noble vie.

Leur douleur était grande, et ces affreux malheurs

Sur le sommet sacré faisaient verser des pleurs.

Mais Apollon, voyant que ces esprits sublimes

De l'aveugle trépas devenaient les victimes,

Sans avoir pu léguer le fruit de leur talent,

Puisa dans son savoir un secret étonnant :

Il voulut que la main, par sa course rapide,

Suivit toujours l'esprit dans son vol intrépide.

De son trône il a pris la couronne d'airain, *

Et son sceptre en triangle ** est courbé par sa main ;

Un cercle plus petit est sa bague divine, ***

Du sténographe enfin la céleste origine.

« Va , dit-il à Mercure, au professeur Potel ,

Va porter à l'instant ce trésor immortel ;

De son enseignement que la douce influence

Instruise les humains soumis à ma puissance ;

En propageant cet art à travers mes états ,

Des plus brillants succès je sèmerai ses pas. »

Il a dit : et le dieu, dans son essor rapide ,

Comme un éclair s'envole où cet ordre le guide.

* Allusion au grand cercle.
** Le triangle renferme quatre lignes primitives.
*** Le petit cercle est la base de toutes les voyelles.

Il arrive, et l'otel reçoit avec transport

Du messager divin le précieux trésor.

Conduit par Apollon, déjà sa renommée

Se répand tout-à-coup dans la France étonnée.

Sa marche est un triomphe, et partout les savants

Vantent de ses leçons les succès éclatants.

Nous aussi, par nos chants, nous grandirons sa gloire ;

Son nom sera toujours cher à notre mémoire.

Auguste Hédouin,

Élève en seconde au petit séminaire du Mont-aux-Malades.

Rouen, juin 1841.

XIV.

Institution de M. Decaut, à Paris.

Votre art est admirable; il joint l'utilité,

La grâce, la vitesse à la simplicité.

Votre plume ose bien devancer la parole :

Que dis-je ? elle s'élance, elle court, elle vole!

Le caractère est net, facile, ingénieux,

Propre à frapper l'esprit, sans fatiguer les yeux.

S'il s'agit de tracer des mots longs, difficiles,

Vous savez en bannir les signes inutiles.

Qu'il est doux de pouvoir, écoutant l'orateur,

Transmettre son discours sous les yeux du lecteur !

Quand on sait employer cette écriture vive

Qui reproduit la phrase à mesure qu'elle arrive.

Vous enseignez la science avec tant de chaleur,

Que vous persuadez le plus simple auditeur.

Notre reconnaissance est plus que légitime,

Car votre talent seul mérite notre estime.

RELAY.

Paris, octobre 1841.

XV.

Séminaire du Saint-Esprit, à Paris.

UN RÊVE.

C'était l'heure où la nuit enveloppe la terre

De silence et de paix, d'amour et de mystère.

Tandis que, reposant dans les bras du sommeil,

Mes membres fatigués attendaient le réveil,

Un rêve aux ailes d'or s'empara de mon âme,

Et la jeta soudain dans un chariot de flamme :

Aussi prompt que l'éclair, il me transporte aux cieux......

Un tableau ravissant se déroule à mes yeux :

Je vis la Vierge sainte et les neuf chœurs des anges

Qui bénissaient l'Agneau, disant : « Gloire et louanges,

Honneur à Jéhova, le Seigneur de la paix,

Dont l'empire est sans borne et qui règne à jamais !... »

Et la voix de celui qui créa tout le monde

Jeta dans l'infini sa parole profonde,

Des mots mystérieux, rapides, inconnus,

Qu'en silence écoutait la foule des élus.

Un ange recueillait la divine parole,

L'enveloppant soudain des voiles du symbole ;

Ses doigts rapidement sur les feuillets sacrés

Formaient des *traits obscurs*, *bizarres et serrés* ;

Sa plume de la voix égalait la vitesse ;

Et tant que discourut l'éternelle Sagesse,

Le céleste écrivain répéta tous ces mots.

Ainsi, dans nos forêts, les fidèles échos

Répondent à l'enfant dont la voix les appelle.

Quand Jéhova se tut, une scène nouvelle

Déploya sous mes yeux tous les trésors du ciel :

Je vis les saints de Dieu, l'archange Gabriel,

Des diamants, et des fleurs plus fraîches que l'aurore ;

Des vierges qui chantaient, et dont la voix sonore

Montait avec l'encens au trône de l'Agneau ;

Un livre aux feuillets d'or, et scellé du grand sceau.... *

Mais tout cela bientôt disparut à ma vue ,

Comme un astre brillant que dérobe la nue.

Le scribe du Seigneur me prenant par la main,

Et de la terre alors me montrant le chemin :

« Va , mon enfant, dit-il, retourne dans la vie ;

Sans passer par la tombe on n'entre pas au ciel :

Mais , pour te rappeler la céleste patrie ,

Garde ce souvenir..... Et l'esprit bienheureux,

* Allégorie au précieux album d'autographes de M. DE WIK-POTEL.

Arrachant une plume à l'une de ses ailes ,

Me la donne , et s'envole aux voûtes éternelles....

Cette plume , ô Potel , est ton art surhumain !

Et je vois dans tes traits l'immortel écrivain.

Alphonse-Marie CORDIER , de Tours.

Paris , février 1845.

XVI.

Institution de Mme de Suère, A ST-GERMAIN-EN-LAYE.

A peine le soleil a sur notre hémisphère

Jeté deux fois l'éclat de sa vive lumière ,

Qu'un professeur habile , en de jeunes esprits ,

Sut inculquer un art dont ils goûtent les fruits.

Sous leurs doigts, désormais, la rapide pensée

S'étonne, en s'élançant, de se trouver tracée :

Leur crayon peut déjà, par de simples contours,

Saisir et recueillir le plus savant discours :

Grâces en soient rendues au modeste et sûr guide,

Qui sait être à la fois et savant et lucide !

Si comme un astre il fuit et cache ses rayons,

Dans l'ombre cultivons ses utiles leçons,

Et puissent nos efforts dans sa noble science

Lui payer le tribut de la reconnaissance ! ....

A., femme DE SUÈRE, *directrice.*

St-Germain, mai 1844.

XVII.

Petit Séminaire de Nantes.

On nous vantait jadis cet art ingénieux

Qui donne à la pensée un corps sensible aux yeux,

Mais c'est un corps grossier et qui souvent l'enchaîne :

La pensée, elle vole; et ce corps, il se traîne.

Les lettres de Cadmus ont des ailes de plomb;

Vous en chargez l'aigle, cet oiseau qui d'un bond

Peut franchir le Liban, courir de cime en cime,

Et monter droit au ciel dans son essor sublime.

L'esprit voudrait aller comme l'éclair de Dieu.

Mais quoi!..... j'ai ce pouvoir, j'ai des ailes de feu,

J'ai le secret divin de la sténographie.

Si prompt que désormais soit le vol du génie,

Je m'élance après lui, je le suis dans les cieux;

Pour mon âme il n'est plus ni de temps, ni de lieux.

Merci de ce trésor, Ami de notre enfance!

Dans l'esprit et le cœur vivra la souvenance.

Un de vos élèves.

Nantes, juillet 1844.

XVIII.

Grand Séminaire de Meaux.

Si dans le monde , au nom de la reconnaissance ,

On sait encor vouer le respect mérité ,

De notre souvenir qui dira la puissance ?

    Nous , enfants de la vérité.

Une heure aura suffi , heure, hélas ! bien rapide !

Pour former entre nous d'inaltérables nœuds....

Mais il ne reste plus à notre âme timide

    Que l'ardeur de nos vœux.

Emporte-les ces vœux tout brillants d'espérance ;

Qu'ils soient pour toi , toujours, un gage de succès ;

Parle de nous parfois à nos frères de France ;

    Redis-leur nos regrets.

Dis au noble Prélat * , dont l'amitié t'honore,

Qu'ici son nom toujours vénéré , précieux ,

Pour nous guider au bien est tout puissant encore

    Comme un penser des cieux.

Adieu ! parmi les noms que la reconnaissance

Dans le fond de nos cœurs décore d'un autel ,

Un nom de plus sera de douce souvenance :

    Et ce nom, c'est Potel !...

      E. DELALOT , *clerc tonsuré*.

Meaux , avril 1845.

---

* Mgr de Villecourt, évêque de La Rochelle, qui a honoré l'auteur de sa bienveillance, a été supérieur du grand séminaire de Meaux.

XIX.

Collége de Soissons.

Un nouvel art paraît, enfant sacré des cieux :

Des signes à sa voix, des figures mystiques,

Aux mots ont su donner des formes symboliques.

Un cercle ingénieux, éternité des temps,

Cinq lignes, quelques points, voilà ses caractères.

L'astre pâle des nuits lui prête ses croissants ;

Neuf signes primitifs sont les seuls nécessaires,

D'autres près d'eux rangés ne sont que similaires.

Tel est cet art sublime ; et c'est toi, cher Potel,

Toi qui nous apportas ces traits ravis au ciel :

A toi donc, cher Ami, gloire et reconnaissance !.......

Oui, je le sais, ces vers tracés en ton honneur

Ne seront rien pour toi, pour toi que notre France,

Des plus touchants adieux, de souhaits de bonheur,

Honore en les semant sous les pas de ta vie.....

Pourquoi mêler ma voix à ces chants d'harmonie?

Pourquoi?..... C'est que toujours on aime un souvenir.

Les chants d'adieux sont chers pour celui qui regrette;

Ce sont de doux pensers que souvent on répète,

Que le temps loin de nous ne saurait emporter :

Car la tendre amitié bannit l'indifférence;

Ce sont des chants du cœur avant de se quitter.

Si de te voir encor nous n'avons l'espérance ,

Quand du moins, pratiquant tes utiles leçons,

Nous pourrons enchaîner la parole rebelle,

Tu seras près de nous, Ami toujours fidèle ;

Tu guideras nos mains pour exprimer les sons.

Au nom de tous, enfants de ta grande famille,

Reçois ici, Potel, et mes chants et nos vœux ;

Reçois, en nous quittant, nos regrets, nos adieux :

Quoique absent, sois pour nous cette étoile qui brille,

Qui dans l'obscure nuit guide le voyageur.

Adieu, Potel, adieu !..... Pour toi gloire et bonheur !

Alexandre BLANCHARD, élève de philosophie.

Soissons, mai 1845.

POTELÉGRAPHIE.

PRATIQUE SUPPLÉMENTAIRE.

Idée générale d'abréviations.

> L'Empereur dicte très vite, il faut le suivre presque
> à la parole ; j'ai dû me créer une espèce d'*écriture
> hiéroglyphique*. J'étais assez heureux et assez prompt
> pour recueillir, à peu près littéralement, toutes les
> expressions de l'Empereur.
>
> Comte DE LAS-CASES, *Mémorial de Ste-Hélène.*

Les principes développés dans la théorie de cette méthode suffisent pour écrire beaucoup plus vite que l'écriture usuelle. La rapidité acquise est incontestable : mise
en pratique, elle devient d'une grande utilité à l'homme
de cabinet pour composer ou prendre des notes, à l'étudiant dans les classes ou dans les cours de faculté ; mais,
pour saisir la parole des orateurs à la Chambre des députés, on a recours à des moyens particuliers d'abréviations.

Pour comprendre et étudier avec fruit cette étude com-

5

plétive, il faut être parfaitement identifié avec les principes élémentaires et les procédés d'exécution.

Les abréviations sont personnelles et arbitraires; les meilleures sont celles que l'on se fait à soi-même. Chaque sténographe a des moyens abréviatifs qui lui sont propres. Plus on sténographie, plus on abrége.

A l'école, l'enfant qui commence à faire des analyses se crée des abréviations; il devine celles usitées avant de de les avoir apprises. Il représente le mot *verbe* par un v; — *verbe actif*, v. a.; — *verbe neutre*, v. n.; — *verbe impersonnel*, v. imp.; — *sujet*, s.; — *substantif*, sub.; — *substantif masculin*, s. m.; — *substantif féminin*, s. f.; — etc.

Un clerc d'avoué est réputé copiste habile à force d'abréviations. Ainsi il écrira : *jugement par défaut joint*, jug^t p. d. j.; — *jugement en premier ressort*, jug^t en p. r.; — *en dernier ressort*, d. r.; — *tribunal civil*, t^{al} c.; — *tribunal de commerce*, t^{al} de com.; *cour royale*, c. r^{ale}; — *procès-verbal*, p. v^{al}; — *président*, p^t; — *avoué*, av^e; — *avocat*, av^t; — etc.

Dans le commerce on fait également usage d'un grand nombre d'abréviations, comme celles-ci : *vous*, v.; — *votre*, v/t; — *notre*, n/t; — *compte-courant*, c^{te} c^t; — *billet à ordre payable fin dudit mois*, b^{et} à o/d p^{ble} f. d. m.; — *négociant*, nég^t; — *marchand*, m^d; — *de cette ville*, de c/v.; — etc.

Prêtres, auteurs, avocats, — tous hommes qui composent et écrivent beaucoup, — sentent la nécessité d'abréger les mots : il n'est sorte de moyens qu'ils imaginent pour donner plus de célérité à la main. D'après ces observations, nous avons envisagé la possibilité de réduire une écriture déjà abrégée.

SUPPRESSION DE LETTRES.

Les arts fécondent la nature. (Bernis.)

Supprimer une ou plusieurs lettres, est une abréviation naturelle et facile à concevoir. L et R sont les deux consonnes que nous omettons le plus souvent, leur suppression ne nuisant en rien à la lucidité soit d'un mot ou d'une phrase : on est toujours guidé par le sens du discours. Quant à la suppression des autres consonnes, on ne doit pas en faire abus. Il est nécessaire de l'employer avec discernement et réflexion.

Sous l'empire, ce fut un moment de vogue et de frénésie de parler en soustrayant *l* et *r*. Tout Paris adopta ce grasseyement : c'était extrêmement bon ton ; on s'étudiait à ne plus prononcer les deux consonnes prohibées. Les petites bourgeoises singèrent l'afféterie des grandes dames, et l'on parlait ainsi :

« La *paole* chez les *Fançais* est un *instument* dont on aime à jouer et qui ranime les *espits*, comme la musique chez *cetains peupes*, et les *liqueu fotes* chez *quéques autes*. »

Ce ridicule avait été mis à la mode par le chanteur Garat. Mais ce qui était absurde comme prononciation, puisque c'était dénaturer et vicier la beauté de notre langue, devient admissible comme moyen abréviatif.

La voyelle *e* en contact avec *s*, comme dans *esprit*, *espérance*, peut très facilement se sous-entendre.

68

On peut aussi simplifier les *verbes* en mettant le *singu-lier* pour le *pluriel*, et l'on abrége les *adjectifs* en mettant le *masculin* pour le *féminin*.

XX.

Pension de M. Chevalier, à la Rochelle.

Vous avez vu *parfois* l'abeille laborieuse, *

Etalant à nos yeux ses *brillantes couleurs*,

Déposer un baiser au calice des *fleurs*,

Et s'envoler joyeuse.

Tel un homme savant *instruisant notre* enfance,

Après *avoir versé sur* nos *fronts* la science,

S'éloigne en nous laissant le regret d'un beau *jour*,

Et, nous donnant son art, *emporte notre amour*.

Charles COLONNIER.

* Les mots en italique indiquent qu'il y a un signe supprimé dans la Potélégraphie.

LIAISON DE MOTS ET MONOGRAMMES DE PHRASES.

Perdez le moins de temps qu'il vous sera possible.
(WALTER-SCOTT.)

Le temps que la main perd à espacer les mots est très précieux. Il serait utilement employé si l'on s'habituait à *grouper plusieurs mots ensemble, pour n'en former* qu'une figure.

La liaison des mots est une abréviation très avantageuse, quand elle ne nuit pas à la traduction des phrases; même certains praticiens agglomèrent toute une phrase dans un monogramme. — *Pour faire usage des monogrammes de phrase, il faut une longue pratique.*

XXI.

Petit Séminaire des Sables-d'Olonne (Vendée).

A votre nom, Potel, hier pour rendre hommage,

Sur le bord de la mer j'aimais à le tracer;

Mais, craignant que la nuit ne le vît s'effacer,

J'ai voulu qu'en mon cœur en fût peinte l'image.

Lucien PINSON.

ABRÉVIATIONS SYLLABIQUES

de Monseigneur Clément Villecourt,

ÉVÊQUE DE LA ROCHELLE.

> *Jouissez sans tracas du fruit de mes travaux.*
>
> (Casimir Delavigne.)

Les abréviations syllabiques, — ainsi nommées parce qu'elles représentent et expriment un son, — sont dues à l'obligeance de Monseigneur Villecourt, évêque de la Rochelle, qui a bien voulu me communiquer ses *notes* particulières, et me permettre de les adopter à ma méthode. *

Les signes inventés par Monseigneur sont, il est vrai, purement arbitraires, mais très judicieux ; et, frappant par la facilité et le naturel de leur exécution, ils réunissent *clarté* et *rapidité*.

Dans ses importants travaux apostoliques, Monseigneur s'est livré à de nombreuses recherches consignées en signes sténographiques. Les savantes inspirations sorties de sa plume ont été également composées en caractères abréviatifs ; et j'ai admiré avec plaisir, dans ses manus-

---

* Ce chapitre, ainsi que tout ce qui est relatif aux abréviations, est extrait de la **MÉTHODE CLASSIQUE DE STÉNOGRAPHIE** dédiée à Mgr l'Evêque de la Rochelle, et publiée en 1842, à Paris.

crits de sténographie, les avantages réels et incontestables des abréviations usitées par Monseigneur.

MODÈLES.

I. Action, ation, assion, asion, etc. . .   (En montant).

Passion.

Transaction.

Faction.

Soustraction.

Occasion.

Nation.

Relation.

Cassation.

Macération.

II. Ection, esion, ession, etc. . . . . .   (Sous le mot).

Pression.

Dissection.

Profession.

Succession.

Affection.

Expression.

Lésion.

Question.

Confection.

III. Ention, emption, anction, etc. . .

Pension.

Attention.

Invention.

Sanction.

Ostension.

Mention.

Péremption.   Rédemption.   Exemption.

Pensionné.   Attentionné.   Mentionné.

IV. Ission, ision, ition, iction, etc. . .   (De bas en haut).

Permission.   Diction.   Friction.

Suspicion.   Omission.   Nutrition.

Elision.   Contrition.   Mission.

V. Ience . . . .   (Sous le mot).

Patience.   Audience.   Faïence.

Science.   Expérience.   Méfiance.

Confiance.   Croyance.   Fiancé.

VI. Itence, istence . . . .   (Sur le mot).

Pitance.   Distance.   Assistance.

Existence.   Résistance.   Pénitence.

Consistance.   Quittance.   Persistance.

VII. Ité, iété . . . . ´ (Sur la dernière lettre).

Piété.

Ténacité.

Fixité.

Société.

Autorité.

Nullité.

Réalité.

Conformité.

Humanité.

Aménité.

Crudité.

Impiété.

VIII. Ilité . . . . ² (Sur la dernière lettre).

Puérilité.

Edilité.

Facilité.

Stabilité.

Utilité.

Inutilité.

Tranquillité.

Agilité.

Humilité.

Amabilité.

Débilité.

Affabilité.

IX. Itier, itière, tier, tière, etc. . ˋ (Sur la dernière lettre).

Pitié.

Héritier.

Fruitier.

Souffletier.

Portier.

Inimitié.

Litière.

Coquetier.

Matière.

Bénitier.   Amitié.   Rentier.

X. Omption, onction. . . . . . .   (De bas en haut).

Ponction.   Extrême-onction.   Fonction.

Assomption.   Conjonction.   Consomption.

XI. Uction, ulsion, uption, ussion, usion.   (De bas en haut).

Impulsion.   Induction.   Fluxion.

Succion.   Eruption.   Diminution.

Allusion.   Corruption.   Emulsion.

Ablution.   Percussion.   Evolution.

Concussion.   Absolution.   Confusion.

XII. Uite. . . . .   (Sous la dernière lettre).

Pituite.   Truite.   Fuite.

Suite.   Muite.   Poursuite.

Ensuite.   Cuite.   Conduite.

> Répétez, répétez sans cesse, et vous verrez bientôt
> s'éclaircir comme par enchantement les choses que
> vous aurez d'abord jugées les plus obscures et les plus
> incompréhensibles.
>
> (J. Jacotot, *Enseignement universel.*)

Maintenant, il ne reste plus qu'à acquérir facilité et rapidité d'exécution. Pour y parvenir, on doit étudier la Potelégraphie comme la musique, répéter à satiété le même morceau, se l'identifier à tel point que l'excéution soit plutôt machinale que réfléchie : alors seulement on aura surmonté toutes les difficultés, et on pourra utiliser avec plaisir et avantage la *Potelégraphie.*

Puisse ce nouveau perfectionnement être utile à mes jeunes auditeurs, et être accueilli par eux avec cette ardeur et cette sympathie qu'ils m'ont toujours témoignées!......... Ni le temps ni la distance n'effaceront de ma mémoire de si doux souvenirs.

Conservons, mes amis, même au milieu du monde, cette naïveté du cœur, cette simplicité de l'âme, qui seules perpétuent la vertu au sein de la famille ; et n'oublions jamais, — comme l'a fort délicatement exprimé le jeune rhétoricien d'Evreux, — que la prière est la source du vrai bonheur :

Prions, amis, le Dieu que nos mères adorent.

Oh! la prière, amis, c'est un brillant calice,

Où chacun vient puiser la joie et le bonheur.

Prions, que la prière encor nous réunisse ;

Car la prière, amis, c'est le parfum du cœur. *

* Fragment d'un morceau composé par Just **GOUPY**, élève de rhétorique au petit séminaire de St-Aquilin, à Evreux ; sa longueur ne m'a pas permis de le reproduire.

L'espace m'a aussi manqué pour insérer celui de M. **DELARUE**, professeur de mathématiques dans l'institution de M. l'abbé Joliclerc, à Paris, ainsi que plusieurs autres que je conserve avec soin.

APPENDICE.

.... L'industrie et le temps
Polissent par degrés tous les arts différents.

(Louis Racine.)

Afin que la supériorité de la Potclégraphie soit mieux comprise et plus appréciée par les personnes curieuses de sténographie, je vais exposer dans un tableau synoptique la théorie Marmet, que j'ai professée pendant longues années.

ALPHABET DE CADRÈS-MARMET.

NEUF SIGNES PRIMITIFS.

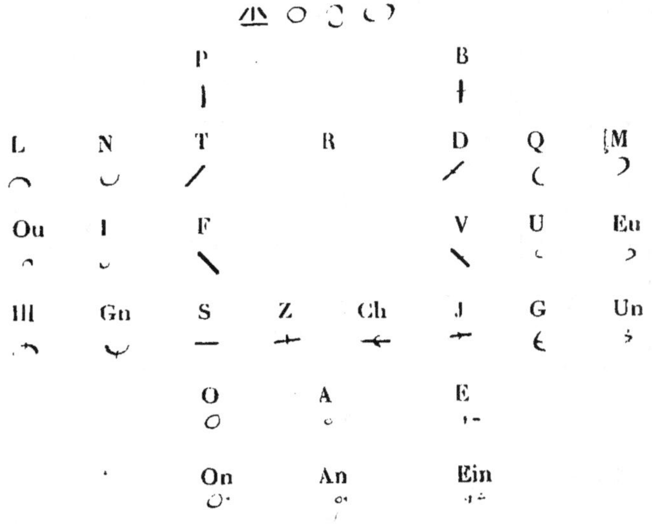

	P		B		
L	N	T	R	D	Q	M
Ou	I	F		V	U	Eu
Ill	Gn	S	Z	Ch	J	G	Un
	O	A	E		
	On	An	Ein		

PARALLÈLE DE LA POTELÉGRAPHIE

AVEC LE SYSTÈME-MARMET, LA STÉNOGRAPHIE-TAYLOR, ET LA TACHYGRAPHIE-COULON,
QUI SONT LES ÉCRITURES ABRÉVIATIVES LES PLUS RÉPANDUES DANS LA SOCIÉTÉ.

> Personne ne peut contester les nombreux avantages d'un mode de transcription plus simple et plus rapide. Quoi de plus philosophique que de travailler à découvrir le meilleur et à le généraliser !
>
> (JOMARD, *Comparaison des différentes Tachygraphies.*)

MOTS.	DE WIK-POTEL.	MARMET.	TAYLOR.	COULON.
Colonne. . .				
Légal. . . .				
Nacelle. . .				
Monument .				
Lacune. . .				
Calcul. . . .				
Mécanique .				
Larme . . .				
Canicule . .				
Nominal . .				
Calomnie. .				

www.ingramcontent.com/pod-product-compliance
Lightning Source LLC
LaVergne TN
LVHW012227170726
843503LV00005B/2310